COLLECTION D'UN AMATEUR (N° 120)

CATALOGUE

DE

LITHOGRAPHIES

ŒUVRES

DE

Bellangé, Charlet

ET

Raffet

DONT LA VENTE AUX ENCHÈRES PUBLIQUES AURA LIEU

HOTEL DES COMMISSAIRES-PRISEURS, RUE DROUOT, SALLE N° 9

Le Samedi 11 Mars 1893

à deux heures.

Par le ministère de Mᵉ **MAURICE DELESTRE**, Commissaire-Priseur,
rue Drouot, 27

Assisté de **M. DUPONT** aîné, marchand d'estampes, rue de Seine, 21

PARIS, 1893

CONDITIONS DE LA VENTE

Elle sera faite au comptant.

Les acquéreurs payeront CINQ POUR CENT en sus des enchères, applicables aux frais de vente.

M. DUPONT se réserve la faculté de réunir ou de diviser les lots.

L'ordre du Catalogue sera suivi.

DÉSIGNATION

OEUVRE DE BELLANGÉ

1 — Portrait de Bellangé, par Emile Lassalle.
   Très belle épreuve.

2 — Les Jolis soldats français (J. A. 27-29)[1].
   Suite de quatre pièces, très belles épreuves. Avec la couverture.
   Cette suite contient le n° 27 *bis*, dont la publication ne fut pas autorisée.

3 — Souvenirs militaires de la République, du Consulat et de l'Empire (141-152).
   Suite complète de douze pièces, très belles épreuves sur chine. Avec la couverture. — Plus le n° 146 *bis*. Rare.

4 — Album lithographique, par Bellangé, 1835 (153-164).
   Suite de douze pièces. Avec la couverture (manque le n° 156).

5 — Une Noce en Basse-Normandie (163-164).
   Deux pièces, très belles épreuves sur chine.
   Ces deux pièces représentent la noce de Jean Gihaut, éditeur, passant à Linverville et dans la plaine de Gouville (Manche).

6 — Fantaisies. 1re Série, 1828 (165-188).
   Suite complète de vingt-quatre pièces, très belles épreuves. Avec la couverture.

7 — Fantaisies. 2e Série, 1829 (189-200).
   Suite complète de douze pièces. Avec la couverture.

8 — Fantaisies. 3e Série, 1830 (201-212).
   Suite complète de douze pièces. Avec la couverture.

9 — Fantaisies. 4e Série, 1831 (213-218).
   Suite complète de six pièces. Avec la couverture.

---

1. *Hippolyte Bellangé et son œuvre*, par Jules Adeline. Paris, Quantin, 1880, in-8°.

10 — Uniformes de l'armée française, depuis 1815 jusqu'à
ce jour, par Bellangé, 1826 (219-260).

> Quatre-vingt-quinze pièces, très belles épreuves coloriées, sauf le
> titre et deux pièces qui sont en noir. Avec une couverture.
> Cette suite est très rare à trouver aussi complète.

11 — L'École du Soldat. Recueil de costumes militaires
publiés par Engelmann (261-272).

> Suite complète de douze pièces, très belles épreuves. Avec la couver-
> ture. — Plus six autres pièces *non décrites*, numérotées 13 à 18. Très
> rares.

12 — Autre recueil de costumes militaires publié par Engelmann (273-280).

> Suite de huit pièces. (Manque le n° 273.)

13 — Feuilles de croquis insérées dans des albums (281-
286).

> Suite de six pièces (manque le n° 284). — Plus une feuille *non
> décrite*, portant le n° 17.

14 — Pièces publiées par l'*Artiste* (287-295).

> Huit pièces. (Manquent les n°* 288 *bis* et 289).

15 — Pièces publiées dans *la Caricature* et autres recueils
(301-310).

> Dix pièces. (Manquent les n°* 305 et 308.)

16 — Galerie militaire (325-327). — Entrée des Français
dans Rome, dans Naples et dans Milan (332, 333,
335). — Napoléon à Waterloo (339).

> Six pièces, très belles épreuves. Rares.

17 — Vive le vin — Vive l'amour (340-341). — Le retour du
prisonnier (343). — L'Orage (344). — Bivouac de
grenadiers à cheval (345). — Spectacle gratis (348).
— Patrie ! Patrie ! (349). — Quatre lithographies sur
la même feuille (350).

> Huit pièces, très belles épreuves. Rares.

18 — La Cantinière (351). — Hussards du Nord (353). —
Hussards de la Moselle (354). — Porte-drapeau blessé
soutenu par un grenadier (356). — Après Waterloo
(357). — Grenadier blessé (358). — Trois grenadiers
blessés accueillant un hussard également blessé (359).
— Soldat parlant à un hussard à cheval (360).

Huit pièces. Rares.

19 — La Folie dans les nuages (361). — Brigands embus-
qués (362). — Tous veulent, en rentrant dans leur village (369). — Le Bivouac (370). — Adjudication défi-
nitive de l'entreprise du balayage (372). — 2,000
Russes tués, 8,000 prisonniers... (373).

Six pièces. Rares.

20 — Le Bivouac (370). — Le Billet de logement (389).

Deux pièces ; très belles épreuves avant toutes lettres, avec des croquis dans les marges.

21 — Quand on est mort, c'est pour longtemps (374). —
N'bouge pas Polite... (375). — Le premier bouillon
de l'amour (376). — Ces Messieurs prennent leur
café (377). — Toujours tout droit (378). — Allons,
ma Sophie, du caractère (380). — Coucou... ah ! le
voilà ! (381). — Que de deux sous perdus (382).

Huit pièces, très belles épreuves.

22 — Avancez à l'ordre (383). — Halte de soldats français
(384). — Avant-poste (385). — Retour de campagne
(386). — Soldats au bivouac (387). — Le Billet de
logement (388 et 390). — Eugène Beauharnais (391).

Huit pièces, très belles épreuves.

23 — Révolution de 1830 (398, 399, 401). — Eh bien oui !
charbonnier est maître chez lui (402).

Quatre pièces, très belles épreuves.

24 — T'as beau rire Toussaint... (392).— Onze heures du soir — Deux heures du matin — Six heures du matin (393-396). — I s'fend, tu romps... (397).

Six pièces, très belles épreuves.

25 — Monument de Charlet (405).

Deux épreuves sur chine, dont une coloriée.

26 — La Garde meurt et ne se rend pas (406).

Deux épreuves, dont une du premier tirage avant que le titre ait été changé, sur chine.

27 — Le retour au village (414). — Le retour de la ville (416). — La loterie de Monville (420). — Amours d'artistes (423). — Le curé des Bruyères d'Oisy (426).

Cinq pièces.

28 — Sujets relatifs à la Guerre d'Orient (435-449 *bis*).

Douze pièces (manquent les n°s 439 et 442).

29 — Les Gardes de la Porte; croquis inédit (438). — Soldats de ligne; croquis (448). — Départ pour l'Orient (449).

Trois pièces. Rares.

30 — Dragon d'Espagne s'élançant en avant (474). — Feuille de croquis (475-476). — Buveurs (479). — Vignettes de romances, six pièces (481). — Page de croquis (488).

Ensemble dix pièces.

ŒUVRE DE CHARLET

31 — Portrait de Charlet. (Lac. 1)[1].

> Très belle épreuve.

32 — Portrait de M. Canon (4 R). — Portrait du maître de
classe des enfants de Charlet (5 RR). — Portrait en
pied du prince Louis-Napoléon (8).

> Trois pièces.

33 — Colonne d'artillerie en marche (27). — Les Invalides
en goguette (50 R), coloriée. — L'Aumône (87 R).—
Sapeur d'infanterie (115 R), colorié.

> Quatre pièces, très belles épreuves.

34 — Costumes militaires lithographiés à la plume (134-
135, 138-150).

> Quinze pièces, la plupart en noir. Rares.

35 — Grenadier à pied de la vieille garde (156 R).

> Très belle épreuve.

36 — Garde nationale de Paris : Grenadier. — Chasseur.
(206, 208).

> Deux pièces, très belles épreuves.

37 — Grenadier, première idée (207 R).

> Très belle épreuve.

38 — Costumes de l'Armée française avant et pendant la
Révolution (211-217).

> Suite complète de sept pièces, très belles épreuves.

---

1. *Charlet, sa vie, ses lettres,* suivi d'une description raisonnée de son œuvre
lithographique, par N. de Lacombe. Paris, 1856, in-8º.

39 — L'Empereur et la Garde impériale (220-263).

> Suite complète de trente-cinq pièces, très belles épreuves.
> A cette suite manquent les pièces RRR qui peuvent y être ajoutées,
> mais n'en font point partie.

40 — Impiété, — Piété (273-274), imprimées sur la même feuille, 1er tirage. — Aux vieux grognards, le tailleur de pierre reconnaissant (277). — Vous croisez la baïonnette contre les vieux amis (278).

> Trois pièces, très belles épreuves.

41 — Essai à la manière noire (340). — Jacques-Vincent, premier fondateur des Frileux (347). — Deux élèves de l'École polytechnique (350). — Le Magister de notre village (351 R).

> Quatre pièces.

42 — Campagnard à cheval au galop : A M. de Marcieux (352 RR).

> Très belle épreuve sur chine. Tirée à six épreuves.

43 — 1840. Chacun chez soi... (353). — Le plus délicieux et le plus aimé des Bizets (354). — 5 mai (358). — 15 août (360).

> Quatre pièces, très belles épreuves.

44 — Une Vivandière et des Lanciers (417). — Vieille femme descendant un escalier (418). — Billoux dans une balance (425). — Billoux dansant sur la corde (426). — Billoux faisant la parade (427). — Le Vert-de-gris (428). — Grenadier de la garde nationale (450). — Piast (455). — Vieillard assis (473). — Costume du moyen-âge (474).

> Dix pièces.

45 — Vignettes pour romances : Son navire est parti ! (490). — Fidèle y court (501 RRR). — Un Ivrogne assis à la porte d'un cabaret (502). — Un Vieux soldat (503).

> Quatre pièces, très belles épreuves.

46 — Napoléon disait... (796). — Lancier en vedette (835).
— Croquemitaine (844). — Indigence (851). — Le
Campement (872).

   Cinq pièces.

47 — Vie civile, politique et militaire du caporal Valentin.
(913-965).

   Vingt-huit pièces seulement, très belles épreuves sur chine.

48 — Croquis à la manière noire (966-978).

   Suite complète de douze pièces imprimées sur teinte. Avec la couverture.

49 — Tremblez, ennemis de la France (980 RR).

   Très belle épreuve.

50 — Je crains la salle de police (981 RR). — La Vieille
aristocratie (982 RR). — Les paroles sont des femelles
(984 RR). — Gras nous vivrons (985 RR).

   Quatre pièces, très belles épreuves.

51 — Croquis à l'estompe et au lavis (986-998).

   Suite complète de treize pièces.

52 — Régence; première idée (1028 R). — Croquis (1058-
1060), tirés à petit nombre.

   Cinq pièces, très belles épreuves.

53 — Recueil de vingt-quatre pièces à l'eau-forte, vernis
mou, publié par Blaisot (r.).

   Anciennes et très belles épreuves.

OEUVRE DE RAFFET

54 — Portrait de Raffet, par Aug. Bry.

Très belle épreuve sur chine.

55 — Croquis à l'eau-forte (H. G. I, II, III)[1].

Trois pièces, très belles épreuves sur chine.

56 — Le Colonel du 17e léger (7).

Très belle épreuve sur chine.

57 — S. A. R. Mgr le duc d'Aumale (8).

Très belle épreuve sur chine.

58 — Souvenir de Santicios (14 RR).

Très belle épreuve. — Plus une copie gravée par Pollet, épreuve d'artiste, sur papier de Chine.

59 — Le maréchal de Saint-Arnaud (15). — Boyer (16). — Leblanc (17). — Lebrun (18).

Quatre pièces.

60 — Maule, colonel des Highlanders (19 RR).

Pièce inédite.

61 — Auguste Raffet (21 R). — Le maréchal Baraguay-d'Hilliers (24). — Baraguay-d'Hilliers (26 R). — Regnault de Saint-Jean d'Angely (27).

Quatre pièces, très belles épreuves.

62 — Je le sauverai ou je perdrai la vie (45 R).

Belle épreuve.

63 — Napoléon à Waterloo (60 R).

Très belle épreuve.

---

1. *Raffet, son œuvre lithographique et ses eaux-fortes*, par H. Giacomelli. Paris, 1862. In-8.

64 — « Waterloo » (63 R), grand in-fol. .
> Très belle épreuve.

65 — Artillerie légère en action (67 R). — Manœuvre à la
prolonge (68 R). — Jérusalem délivrée, Ch. IX (69 R).
> Trois pièces, très belles épreuves.

66 — Révolution de 1830 : Gendarmes, faites feu ! — Bar-
ricade de la rue Saint-Antoine. — Tirez sur les chefs
et les chevaux.... — Je veux tuer un des soldats de
Polignac ! (73-76.).
> Quatre pièces, la dernière est sur papier jaune.

67 — Revue du 29 août 1830 (78). .
> Très belle épreuve.

68 — Attentat de Fieschi. 28 juillet 1835 (79). .
> Très belle épreuve, signée : *Laure*, 1835.

69 — Retraite du bataillon sacré à Waterloo (80 R).
> Superbe épreuve ; tirée à petit nombre.

70 — Combat d'Oued-Alleg (82). .
> Très belle épreuve sur chine, du 2e tirage.

71 — Le Drapeau du 17e léger (83).
> Très belle épreuve sur chine.

72 — Le Réveil (85). — Le Rêve (86).
> Deux pièces, belles épreuves sur chine.

73 — Nouvelle-Hollande (92 R.) —Nouvelle Zélande (93). .
— Baie Houa-houa (94).
> Trois pièces ; les deux premières sont coloriées.

74 — Prospectus de la Société des Frileux (98).
> Très belle épreuve.

75 — Affiche pour l'*Histoire de Napoléon*, de Norvins,
in-4°, (122 R.),
> Très belle épreuve du 1er tirage, avec le nom de *Gihaut*, sur chine.

76 — Affiche du *Compagnon du Tour de France* (123 R).

Très belle épreuve.

77 — Pour un sauvage, il a des procédés (126).— Archevêché, 29 juillet (128). — Parade (129).

Trois pièces.

78 — Analyse de la Pensée (142 R.).

Très belle épreuve.

79 — Épisode de la Campagne de Russie (147).—Le Marchand de chansons (159 R.).

Deux pièces.

80 — Infanterie polonaise marchant à l'ennemi (161).

Très belle épreuve.

81 — Souvenirs du camp de Compiègne (164-165). — Le Marzocco (166). — Bersaglieri (167).

Quatre pièces du 2e tirage.

82 — Drapeaux français (168-171 RR).

Suite complète de quatre pièces, très belles épreuves en couleur.

83 — Catalans sur la Rambla (172 RR). — Garde consulaire (177).

Deux pièces.

84 — Feuilles de croquis (179-181), 2e et 3e tirages. — Armée autrichienne (182-187).

Dix pièces.

85 — Feuille de croquis (180 RR).

Épreuve du 1er tirage.

86 — Types d'artilleurs français (191).—Un artilleur (192).

Deux pièces du 2e tirage.

87 — Petit Album militaire (203-210).

Suite de huit pièces. (Manquent les nos 206 et 207); plusieurs sont imprimées sur papier teinté.

88 — Album publié par Moyon (211-215).

Suite de cinq pièces, la première est sur papier teinté. (Manque le n° 213.)

89 — Album publié par Frérot (216-219).

Suite de quatre pièces. (Manque le n° 219.)

90 — Histoire de Jean-Jean (220-236).

Suite de seize pièces, très belles épreuves. Avec la couverture. (Manque le frontispice.)

91 — Histoire de Napoléon (241, 244, 246, 252, 253).

Cinq pièces.

92 — Voitures publiques (261-268).

Suite de huit pièces, très belles épreuves du 1er tirage (manque le n° 265).

93 — Le guide est à droite (269).

Très belle épreuve.

94 — Album de 1827 (272-282).

Suite complète de dix pièces et un frontispice, très belles épreuves.

95 — Album de 1828 (283-295).

Suite de douze pièces et un frontispice (manquent les n°s 285, 287, 289, 290, 291, 294).

On y a joint une épreuve du frontispice d'un état non décrit où le mot album est écrit : *Abum*.

96 — Croquis pour l'amusement des enfants (296, 299, 309, 315, 316).

Cinq pièces. Avec la couverture.

97 — Croquis pour l'amusement des enfants, 2e série (317-324).

Suite complète de huit pièces. Avec une couverture.

98 — Album pour 1830 (325-337).

Suite de douze pièces et un frontispice, très belles épreuves (manque le frontispice).

99 — Album de 1831 (338-350).

Suite de douze pièces et un frontispice, très belles épreuves (manque le frontispice).

100 — Album de 1832 (351-363).

Suite de douze pièces, très belles épreuves (manque le frontispice.)

101 — Album de 1833 (364-376).

Suite de douze pièces, très belles épreuves (manque le frontispice).

102 — Album de 1834 (377-389).

Suite de douze pièces et un frontispice, très belles épreuves (manque le n° 389.

103 — Album de 1835 (390-402).

Suite complète de douze pièces et un frontispice, très belles épreuves.

104 — Album de 1836 (403-414, 416).

Suite complète de douze pièces et un frontispice, très belles épreuves

105 — Album de 1837 (417-429).

Suite complète de douze pièces et un frontispice, très belles épreuves.

106 — Costumes militaires (431-433, 435-437, 439 RR, 440).

Huit pièces, très belles épreuves coloriées.

107 — Costumes militaires de la Restauration (446-447, 450-451, 453-456, 458-460).

Onze pièces, très belles épreuves, dont une coloriée.

108 — Garde royale (461-464, 467-469, 470 R, 471-473, 474 RR, 475-477).

Quinze pièces, très belles épreuves.

109 — Garde royale (463, 464, 468, 475, 476).

Cinq pièces coloriées.

110 — Costumes militaires depuis 1830 (479-6, 481, 482-10 et 11, 484-14 et 15, 485, 486-17, 487, 488, 489-23, 490, 491, 492-26, 493 à 498).

Vingt et une pièces, très belles épreuves.

111 — Costumes militaires depuis 1830 (479, 480-8, 482, 483, 486-16 et 19, 487, 492-26 et 27).

Dix pièces coloriées.

112 — Grenadier à pied (502). — Tirailleurs-grenadiers (504). Chevau-léger polonais (506).

Trois pièces.

113 — Siège d'Anvers (511-527, 529-535).

Suite complète de vingt-quatre pièces. Avec la couverture.

114 — Retraite de Constantine (536-542).

Suite de six pièces, très belles épreuves sur chine (manque le frontispice).

115 — Prise de Constantine (543-544, 546-556).

Suite de douze pièces, très belles épreuves (manque le frontispice).

116 — Marche sur Constantine; première pensée 545 RR)

Très belle épreuve.

117 — Expédition et siège de Rome (557-567, 569-593).

Suite complète de trente-six pièces sur chine. Avec la couverture.

118 — Escrime à la baïonnette (App. 17-42).

Suite de vingt-six pièces sur chine (manquent les deux dernières).

Imprimerie D. Dumoulin et Cie, à Paris.

9 782329 501543